LOCUS

LOCUS

LOCUS

LOCUS

Smile, please

天天都成功

洪啓嵩⊙著

蔡志忠⊙繪圖

You Can

我不能告訴你
你的成功到底是什麼，
因為成功只有你自己擁有。
但是我相信，這本書
能夠幫助你打到自己的成功。
請你謹記：所有大人物的成功
加起來，也不及你自子的成功。

Make It

願意就成功！

洪啓嵩的序言

看到每一個人的成功，這種成功的感覺眞好，眞不可思議，現在我將看到你已經開啓成功了。

感謝你打開這本書，開啓了更圓滿的成功路程，也讓你手中的這本書，開始從事這一次成功的旅程。

或許在與你一同走向成功的過程中，充滿了未知的**驚喜**；我並不清楚你未來將經歷何種成功樣貌，但是我確信，這一本成功的書，會與你共創光明幸福的人生。

每天迫不急待醒來，陪著今天的太陽，喜悅地從事

一天成功的遊歷，在我的生命歷史中，每一天都是那麼特別，那麼美麗，而呼吸也是如此舒暢的遊玩著。每天安心的陪伴月亮，沉睡在心靈的深處，夢中依然那麼清明美好，儲備著源源不絕的生命能量，預備著明天的光明。

成功屬於願意成功的人，勝利更屬於輕鬆而專注的人。

你是否已經準備好成功了呢？

請開始享用成功吧！

目錄

Chapter **1**

誰最成功？——是你！是我！是他！（*p.9*）

1 . 你身邊誰最成功？
2 . 只有你是自己的成功

Chapter **2**

常勝思惟——成功的祕訣在這裡（*p.21*）
3 . 成功難道要分勝敗嗎？
4 . 懸巨石於九天之上
5 . 水漲船高
6 . 洞燭先機的成功者
7 . 現在已經成功
8 . 把失敗的茶倒光
9 . 實觀的常勝者

Chapter **3**

追求失敗的潛意識——拋空失敗（*p.39*）

10．你為什麼失敗？

11．恐懼光明的生命

12．別貪戀成功

13．瞋忿破壞成功的基石

14．拒絕愚痴的成功者

15．看不見成功的驕慢者

Chapter **4**

準備好成功的心——You Can Make It（*p.57*）

16．謝謝你的抱怨

17．你的成功在於改善自身

18．善於抱怨的人

19．善用自己的極限

20．指正的溫柔

21．別做驕敗的恐龍

22．疑惑的心不可能成功

23．成功絕非終點

24．我只要屋頂

Chapter **5**

成功者的心象——其實成功很簡單（*p.77*）

25．生命藍圖

26．天天都成功的實踐法

27．暗夜之箭

28．尊貴的開始

29．我的生命經驗

30．心念對肉體的改造力量

Chapter **6**

後記——祝福你（*p.105*）

Chapter 1

誰最成功？——是你！是我！是他！

成功不是「我勝你敗」。
——真正的成功是三贏

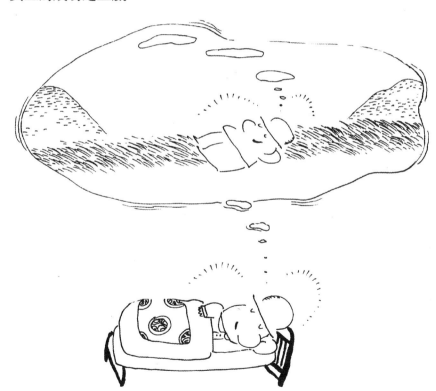

1.你身邊誰最成功？

成功是：練習、練習、再練習。

從古到今，從東方到西，你認為誰是最成功的人？
以下是從人類歷史上所選擇出幾位赫赫有名的人
物，讓我們來看看他們的豐功偉業。

蘇格拉底

他和柏拉圖、亞里斯多德，共同奠定了西方文化的
哲學基礎，他生活在伯羅奔尼撒戰爭的混亂時期，
爲生命的理想不屈不撓，最後被控以「不敬神」、
「腐蝕青年」而判死刑，朋友勸他越獄，被他拒絕，
他選擇服毒安然死去。
這位偉大的思想家，他的思想一直到現在還深深地
影響著整個世界的文化。

釋迦牟尼佛

他在兩千五百多年前誕生於印度，以王子之尊享受

著人間至樂，但他諦視生命界時，卻看到弱肉強食的眞象，看見生老病死的生命苦痛，不能解脫，而捨棄了王室，選擇了徹底出離的解脫之路，引領無數眾生成就如他一般圓滿的生命。

耶穌基督

兩千多年前，他創立了基督教，深刻地影響西方文化，至今還是許多人生命的希望。

穆罕默德

他創立了伊斯蘭教和阿拉伯帝國，使回教成爲當代最團結、最有力之活動性宗教。

秦始皇

他建立了中國史上第一個中央集權的統一王朝，首先自號爲「始皇帝」，統一法令，書同文，車同軌，並建築聞名世界的萬里長城，是中國史上毀譽爭議最大的人物。

日前，他還當選爲大家最想製造的複製人。

漢武帝

他承襲了先帝留下的文治武功，國力空前強大，並更進一步遠征匈奴，交通西域，促進漢族與周邊各族的融合。

唐太宗

他在位時愼刑明法，並推行各種經濟制度，使政局穩定，人口增加。在武功方面，他擊突厥等邊患的侵擾，並交通中國與中亞的「絲路」，促進雙方文化與經濟的交流，被西北各族尊爲「天可汗」，造就了泱泱大度的大唐帝國。

成吉思汗

他不只征服中國，更橫跨歐亞，造成世界民族大遷徙，其鐵騎雄風，所向披靡。

甘地

他是印度民族主義領袖，也是廿世紀非暴力主義倡導者。在他的領導之下，成千上萬的印度人以和平方式抗爭，勇敢面對坐牢、鞭笞、槍殺而不屈服，決心爭取印度獨立。非暴力，是他永恆的堅持。

達賴喇嘛

他是西藏人心目中的活菩薩，也是偉大的政教領袖，但他並不自恃了不起，不但不依恃這種名位和權力，還不斷放棄傳統西藏活佛所擁有的權力，一心只為了西藏人民，乃至整個人類的向上發展而努力，完全不同於以往高高在上的活佛。他的努力，使其於一九八九年獲得諾貝爾和平獎。

德蕾莎修女

德蕾莎修女，一生為貧困的人奮鬥，被世人尊稱為「貧困者之母」。耶穌基督的愛心賦予她生命的力量，使她永不停止從事人類苦痛救度，她的一生可以說是絕對愛的體現。

戈巴契夫

他瓦解了當代最大的帝國俄羅斯，並以個人的力量，使共產主義得到適當的歸宿，對現代人類有極大的貢獻。

柯林頓

他可說是現代權力最大的總統，他的一舉手，一投足，都深受各國矚目，甚至輕輕的打個噴嚏，也會讓世界各國一陣騷動。

愛因斯坦

這位偉大的科學家，他提出的相對論，改變了整個人類的宇宙觀點，使時間和空間再也無法那麼自主性地存在。

史蒂芬.霍金

他雖然全身幾乎已無法動彈，但在輪椅上，他仍然能夠洞觀宇宙，即使只能藉著合成的語音機表達，

時間簡史 and 嬰兒宇宙。

他仍試圖告訴我們宇宙的眞象。

這些人只是極爲少數的代表，也許你認爲毛澤東或
鄧小平最成功，或是王永慶最成功，這都無妨。最
重要的是——如何讓他們的成功，變成你的成功。

你身邊誰最成功？

除了上述的成功者之外，你認爲在週遭的人當中，
有那些人是成功者？他們成功的條件是什麼？

他的成功在於：

1.————————————————————————
2.————————————————————————
3.————————————————————————

他會成功，是因爲：

1.————————————————————————
2.————————————————————————
3.————————————————————————
4.————————————————————————
5.————————————————————————

You Can Make It
天天都成功

我能像他一樣成功，因爲：

1. _____

2. _____

3. _____

4. _____

5. _____

2.只有你是自己的成功

收納別人成功的果實後，你自己就是最好的成功典範。

這些成功的典範中，你想成為何者？

你願意成為他們其中之一，或是他們幾個的綜合體？

當有一天，你達到他的成就了，這時你感覺你成功了嗎？

我可以肯定的告訴你：即使那一天你達到了，你的心中必定還有空虛——因為那不是你自己的成功，成功最好的典範就是自己。

了解這個根本，再選擇自己喜歡的成功現象，怎麼選擇都是自己決定的。

你自己是最好的成功典範，只要把別人成功的果實收納進來，就能使你更成功。宇宙中許多生命的成功，就像種種不同的美麗果實，你可能選蘋果、香蕉，他可能選棗子、葡萄，人人選擇不同，但我們都將它吃下，消化成自身的養份，創造自己的成

功。

在選擇別人成功的現象時，只擷取他美善的部份，
而不是照單全收，因為決定權在你，你可以把不好
的部份切除，只取他成功的部份，這就是攝取他成
功的果實。

但是，如果你一心想成為他，那麼他生命中不好的
部份，往往你也會毫不過濾的接受。

有人想成就秦始皇的霸業，但是他可以不必焚書坑
儒，想成為唐太宗之英主者，也可以避免兄弟相
殘。

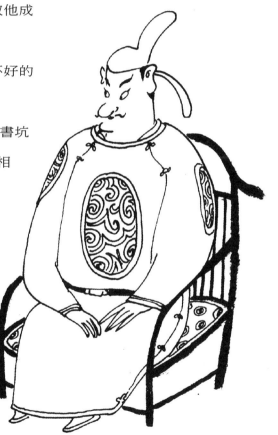

許多人在這裏錯認了，以為：「唐太宗如果不
是劃除手足，怎能登上王位？」而把這個決
定認定是他成功的必要條件。但是，一個偉
大的君王難道一定要殘害兄弟嗎？

因為成功者是我們自己，所以在選擇唐太宗
的成功時，我們並不一定要重覆他的生命行
為，或許你根本沒有兄弟也說不定。現在我
們當然不能成為唐太宗——因為大唐帝國已

經過去了。

我們要想清楚：「我要的是唐太宗的哪一部份？」

是他好的個性，他的權力，他的威勢，他的氣度，

他善於用人......等等，你可以依此去建立自己的

成功模式。但是，記住，這是你要的，要和你自己

統一，不是和唐太宗統一。

當你選擇唐太宗的時候，已經不是原來那個唐太宗

了，記得把他成功的果實納到你身上，因爲選擇的

權力永遠在你手中。

所以，對你欣羨的成功對象，要「成爲他」，或是

要「攝取他成功的果實」，這是要想清楚的。

這個世界上，眞正能夠成功的人，只有你自己。

你和這些你所羨慕的成功者之間的關係，只是你攝

取他們成功的模態，成爲你成功的基礎；，站在這

個基礎上，創造你的成功。

Chapter 2

常勝思惟——成功的祕訣在這裡

常勝者的成功，在於大家都願意幫助他更成功。
——一座高山之所以成其高，是因為它底下還有很多基石。

3.成功難道要分勝敗嗎？

成功是：讓自己的思想方向朝向正確成功。

什麼是成功？

只有你才能賦予成功真正的意義，

因為真正成功的人是自己。

真正成功的人，了悟自己成功的眞實意義，只有在自身的成功中，才能感受到眞正的成功；了悟這個眞諦，安住在這常勝思惟當中，使所思惟的方向都是朝向正確成功，如此我們即是「恆勝者」。

常勝者跟一般成功者不同的是，他不接受「我勝你敗」的成功。

很多人把成功和失敗割裂了，誤以爲自己的成功是建立在別人的失敗上。

其實，把成功定義爲「我勝你敗」，是沒有智慧的白痴才會做的事。這樣的成功是很辛苦的，即使眞的打敗了所有的對手，恐怕也鬥爭得筋疲力竭，無法享受成功的喜悅了！

眞正的成功不是我勝你敗，而是我們的心永遠安住在成功的心量之中，常勝思惟的人，讓自己永遠處於生命的高峰，他不以和別人的對立爲成功，而是使別人都願意幫助他，使他更成功。

一座高山之所以能成其高，是因爲它底下有很多石頭。如果山頂上那塊石頭只顧著把別的石頭鬥下來，到最後，它可能眞的如願成爲最高的石頭，因爲其它的石頭都被鬥垮了，它成了平地上唯一的石頭。但是，我們可以看到它還是站是在原地，無法成爲高聳的巨峰，這是把大家都往下拉的「成功」，它其實不叫做「成功」而叫做「失敗」。

4.懸巨石於九天之上

成功是：懂得造勢，並且能讓人順勢行事。

一個常勝者深刻了悟造勢之理，因為別人知道；
幫助他成功的同時，自己也成功了！

有一天，美國某報上出現了一則廣告：「想知道致
富的秘訣嗎？請寄十元美金來，你將會獲得答案。」
很多人眞的寄了錢。

過了幾天，回信來了，裏面只有兩句話：「找十家
報社，刊一個相同的廣告。」

這當然是一個笑話，但是許多人，利用他人來堆砌
自己的成功，本質上卻比這個登廣告的人好不到那
兒去。

有些人讓我們相信他的成功，而且相信他會幫助我
們成功，但實際上卻是一個空殼子，因爲他只是
「成功的讓別人相信了他的成功」，實際上沒有眞正

的成功，也無法幫助別人成功。相反的，這種人只是把別人吸乾了，來養肥自己，這不是我們要的成功。

一個常勝者，懂得造勢，讓大家相信他的成功、願意成就他的成功，所以能「懸巨石於九天之上，或東或西，人莫測之，眾皆降伏」。

一個恆勝者，就像九天上的巨石，你永遠不知道它下一刻要倒向那裏，雖然他根壓沒有傷害別人的意思。甚至，他根本沒有動，但是大家都以為他動了，心想：「可能會壓到我！」這就是「勢」。他深懂得造勢之理，沒有人會想向他挑戰，因為這是一件很累的事，所以大家都會順著他的勢走，認為跟他結合在一起就會成功。

5.水漲船高

成功是：在遊戲中虛虛實實，能動能靜。

成功者就像善知水性的老船長，知道海水什麼時候漲，什麼時候退，他深知：只有水高漲時，他才能乘水而行。

在《小李飛刀》中有一個故事，當時藏劍山莊的游少莊主，因為爭風吃醋，帶著「奪情劍」，找李尋歡單挑，其中描寫道：這十餘劍著實一劍快過一劍，但李尋歡卻只是站在那裡，彷彿連動也沒有動，這十餘劍也不知怎地，全都刺空了...他見到李尋歡雙手空空，本是想以銳利的劍法，逼得李尋歡無暇抽刀，...誰知李尋歡根本就沒有動刀的意思...原來他一劍剛要刺向李尋歡咽喉，便發現李尋歡身子向左轉，他劍鋒當然立刻跟著改向左，誰知李尋歡身子根本未動，他劍勢再變，還是落空，所

以他這數十劍雖然劍劍都是制人於死地，但到了最
後一剎那時，卻莫名其妙的全都變了虛招。

成功者就是巧妙地運用了虛與實的奧妙，讓對手的
招式全都變成了虛招。

一個成功者知道自己的成功必定是建立在其它人的
成功之上，即使是對於想傷害他的人，真正的成功
者也不願以其人之道還治其人之身，既能避開危
險，又不傷到對方。

於是，他利用了動與不動，和對方玩一場遊戲。

6.洞燭先機的成功者

成功是：能洞悉時勢，先發制人。

不鬥勝敗，無鬥而自成勝敗，

不戰而屈人之兵，才是最大的勝利。

在「七武士」這部日本影片裡，其中描述幾位求職的武士接受劍術測驗的情形：村長在武士必經的玄關後面，設下了埋伏，當每位面試者踏過門檻時，原本埋伏著的人就出其不意的攻擊，看武士們的反應是否合格。

第一位武士被狠狠打了一下，立刻就被淘汰了。

第二位武士雖然閃過了，但是因為他反擊時含著怒氣，也不及格。

第三位武士不疾不徐地走到門口，若無其事般，對門後的敵人說：「不要跟身經百戰的武士玩這套！」他輕易地取得了這個職位。

一個成功者，不會等到棍子落到頭上才反應，或是

僥倖地躲過，

他洞悉一切局勢，先發制人。當對方的謀略被識

破，自然不必再打了。

7.現在已經成功

因爲已經成功，所以不必計較走了多遠。

一個常勝者，

不是一天到晚老想著要把誰鬥下來，

而是，創造理想，決定讓別人一起來完成目標，

和大家共同成就。

一個常勝思惟的人知道：「我現在已經成功了，現在的過程，只不過是執行成功的正確程式。」這樣一個具有成功宏觀的人，就像在攀登高峰，他不會心浮氣躁，斤斤計較自己已經走了多遠，因爲他已經看到自己登上顚峰的景像，他胸有成竹，對一切路徑瞭若指掌，

他知道山路有高有低，不會走到高處就洋洋得意，自認爲了不起，也不會遇到一時的低窪泥濘就長吁短歎，怨天尤人，他知道這所有的過程都是要成就

一個正確的成功目標。在高處，他鼓勵大家繼續往
上爬，在困頓時，他帶給大家振作的勇氣，他的心
中就像陽光照徹。

8.把失敗的茶倒光

成功是：把失敗掏空，邀請成功常駐心中。

我們自己，在內心深處，

偷偷藏著對成功的恐懼，

讓我們寧願躲在失敗陰冷的懷抱裡。

某日，有位教授禪學的大學教授，特地來向南隱禪師問禪，禪師以茶水相待。南隱禪師將茶水注入客人的杯中，直到茶滿出了，仍繼續倒著。

教授望著滿溢的茶水，忍不住說道：「師父！滿出來了！別再倒了！」

「你就像這杯子一樣，」禪師說著，「裡面裝滿了自己的想法。你不先把自己的杯子空掉，如何接受禪？」

如果我們不先把心中的失敗倒光，如何容受成功？

有的人老是覺自己是僥倖才有現在的成就，有的人害怕失敗，卻不知自己早已被成敗控制了。

很多人習慣於打擊自己，在做任何事之前，一定要先澆自己一盆冷水：「算了吧！反正我一定做不好。」或是：「再怎麼做，老板也不會滿意。」

這些人先將自己重擊幾拳，再無精打采的敷衍了事。當事情果真如預期所料般糟得一塌糊塗時，這些愚笨的人反而沾沾自喜的說著：「看吧！我早知道會這樣。」

就像一個人在出門之前，就把眼睛閉得緊緊的，堅持盲目而行。這種人已經深信自己即將失敗，只是時間早晚的問題，所以對失敗也不會有太大的感覺。

他不知道自己有多麼大的力量主導了這個失敗，當然，他更不會知道自己有多大的力量可以造就成功。

如果我們心中充滿了失敗，充滿了灰色，充滿了抱

怨，種種不光明的事物，如何邀請成功進入心中？

現在，我們把各種對成功、失敗的恐懼倒掉，把各

種阻礙成功的因素倒掉，讓心完全清淨，將成功的

茶倒入心中，沖出最芬芳的人生之茶。

9.實觀的常勝者

失眠的人，夜長；疲憊的旅人，路長；不務實的人，失敗長。

常勝者既不悲觀也不樂觀，

他的危機意識是用來化除危機，

他的希望源於了知未來永遠有好轉的可能。

有一個人來到某個陌生的房間，他心想：「反正我一定會碰到東西而跌倒，開燈也沒用。」所以他就先把燈關掉，等到自己在黑暗中跌倒時，還得意的向人說：「我早料到一定是這樣的！」

最先關掉我們心中光明的，往往是我們自己。

一個常勝者不然，他是務實的，他心中的陽光，能照清楚路上的一切狀況，正確的站穩每一步，這就是成功。

危機意識絕對不是悲觀，真正成功的人才會有危機

意識。這兩者有什麼不同呢？悲觀是一開始的時候
就認定自己一定會失敗，是失敗的潛意識，是失敗
思惟。

一個常勝思惟的人，他的心中充滿光明，當他決定
要登上一座高山時，整個路徑在他心中清清楚楚，
哪裏有急湍，哪裏有懸崖，他完全了解，所以在經
過危險的地帶時，他會提醒大家安全避開。

只有將危險徹底的照明，才能安全的通過，而不是
僥倖的躲過。

當我們在過馬路時小心，並不是因為出門一定會出
車禍，而是了解路上的危險性，小心避開危險。悲
觀的人，出門前會想著：「我一定會被撞死。」如
果真的發生事情，他也認為這是理所當然的。

常勝思惟的人不然，他知道自己目標是什麼，知道
什麼是對的，也知道自己要對所做的事負責。他了
解路上的一切情況，看到紅燈就停下來，迴轉時會
先確定有無來車，盡到自己注意安全的本份，不會

暴虎馮河。

那麼，常勝思惟的人是不是樂觀呢？不是的。

盲目樂觀的人，就像一個人出門前，自信滿滿的

說：「一定不會撞到我！」所以就莽莽撞撞的上

路，過馬路時任意橫行，也不注意左右來

車，等到出事時才措手不

及，這種人也不是常勝

者。

一個常勝者，了悟自

己一定會成功，目前只

不過是在執行正確的成

功程式而已。

You Can Make It
天天都成功

心想事成

12

實踐

9

6

Chapter 3

追求失敗的潛意識——拋空失敗

生命真正的失敗，不是因為它失敗了，而是因為我們要使它失敗。
——成功的人忙著超越自己，失敗的人忙著打敗別人

憤怒是摧毀成功
的因子

10.你為什麼失敗？

失敗最大的理由是：我一定會失敗。

生命真正的失敗，

不是因為它失敗了，

而是因為我們要使它失敗。

如果有人問：「你想成功嗎？」

大部份的人都會毫不猶豫的回答：「這還用問嗎？

當然想啊！」

但是，當我們再仔細想想，可能會發現自己不但害

怕成功，而且在潛意識裏追求不幸。

我們可以問自己幾個問題：

我是否因為貪戀成功，常害怕失去現有的成果，而

必須費盡心力的保持現狀？

我是否常擔心下次的表現沒有這次好，反而無法有

最佳的表現？

在剛踏上成功之階時，我是否驕慢的目空一切，不求進步？我是否常被成功沖昏了頭，眼睛也看不見了，耳朵也聽不進了，對時局的變化視若無睹，變成一個愚痴的人？

我對他人的成功是不是感到瞋怒，永遠想不透自己到底哪一點不如他？

我願意幫助他人成功嗎？還是想盡辦法阻撓他？

我願意與他人共創成功、分享成功嗎？或是為了不讓他成功，寧願永遠絆住他，一起沉落在失敗的深淵？

這些，都是我們的心靈深處，追求不幸潛意識的展現。現在，讓我們打開心靈的暗室，享受成功的光明注照！

你為什麼失敗？失敗的理由有無數個，其中一個最大的理由是：「我一定失敗。」

「我的背景不夠強。」

「我的能力不足。」

「上司不欣賞我這一型的。」

「大環境這樣，我也無能為力。」

「都是其他人不配合，事情才會搞砸！」

「總歸一句話，這個世界要為我的失敗負責。」

拒絕成功的人，逃避光明，晝伏夜出，成為生命的
蝙蝠，在失敗的黑夜，成群地互相慰藉，彼此訴說
著造成今日不幸的理由，企圖說明這種失敗的合理
性。

「使自己失敗」，是最大的真理，
當我們遭受失敗時，又詛咒這
個真理，開始詛咒失敗。

因為有了這個理由，所以一切
事情都成為失敗的理由。

因為堅持要失敗，所以我

失敗正由於我們要使
它失敗！

們找許多理由來讓自己失敗；因為害怕，所以找許
多事情來讓自己怕。

一個成功者，根本沒有沉溺失敗的時間，他一心成
就成功，安心享受成功的過程，享受生命的喜悅。
對他而言，黑暗是在享受成功之後，用來休息的，
而非用來沉溺的。

成功的人，根本沒有時間，也不願意把自己埋藏在
生命的潛意識裏，也不會跟一群只會回想當年風光
的人，聚在一起悽涼的感歎現在多麼不幸，或是喃
喃地告訴自己現在之所以不能成功的理由。

當我們具足了常勝思惟，知道什麼是真正的成功，
也願意成功，這時我們開始構畫自己成功的藍圖，
決定要成為那一種成功的人，決定自己的成功。依
於成功的思惟，我們開始每天思惟能使自己的一
切，讓成功的光明注照，照亮心中不幸的潛意識，

走該走的路。

一個成功者，享受成功的喜悅都來不及了，哪有時
間和幽闇不幸的潛意識玩捉迷藏？

這時，我們已準備好接受成功，排
除心中一切障礙成功的惡質，

巔峰是人生的最高點，
但，別忘了巔峰也是下滑
的起點。

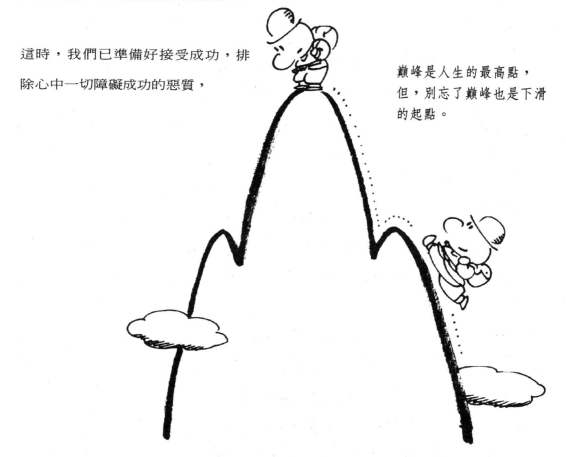

11.恐懼光明的生命

光明在哪裡？光明在你心裡。

當你的心中充滿幽暗，

怎能容得下陽光？

怎能為別人帶來陽光？

心中充滿了失敗的潛意識，就像把心靈的窗關得密不透光，拒絕光明進來。

一個成功的人，當成功的光明照向他時，他睜開雙眼，欣然接受光明的注照，並且與它融而為一，心中完全沒有恐怖，他深知：「我已經成功，我願意成功。」

在西藏的《度亡經》中，描寫生命死後的境界，和我們恐懼成功的光明非常類似。

死後的生命，對於強而有力的清淨法性光明，往往畏懼不已，反而貪取昏暗曖昧之光，而落入下一世

的輪迴。

其中說道：死亡後的第一天及至第七天，也就是生命
未投胎前的過度站，在這七天裡，每天都會出現不
同顏色的透明、耀眼燦爛的強烈佛光照射，而與此
光並行的是模糊曖昧的光，由於業力的關係，中陰
對晃耀的法界智光，心懷畏懼而試圖逃避，反而對
六道輪迴之模糊光明產生貪戀。

這是因為人類不夠勇敢，所以對
於強烈的光明，真正有力的音
聲，會畏懼。我們在此所談的成
功本質只是很表相的，中陰的狀
況比較深沉。

為什麼我們有趨使生命失敗的慣
性？因為我們對黑暗永遠有畏
懼，有恐怖，永遠不想使自己成
功。我們拒絕成功，猶如在清晨在床上，拒絕睜開接受東方出現的
第一道曙光。

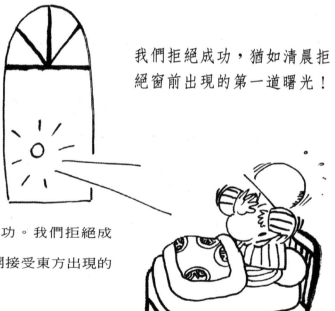

我們拒絕成功，猶如清晨拒絕窗前出現的第一道曙光！

12.別貪戀成功

貪婪是生命之蛆，成功看見它，立刻躲避。

顛峰是成長的最高點，
但我們常常忘了它也代表停滯、下滑的起點。

在我們心中有那些障礙成功的心呢？

貪婪的心障礙成功，它使我們執著現有的成果，貪得虛幻的利益，而不能在最恰當的時機做最正確的決策。如同《易經》所言：「九五飛龍在天」，它不衝到頂點，而留給自己很大的自由空間，自在的飛翔。巔峰是成長的最高點，但我們常常忘了它也代表停滯、下滑的起點，《易經》中將這種情形稱為「亢龍有悔」。

我們的人生要常處於巔峰狀態，它不是不變的，而是時時創造顛峰。成功者在尚未到達巔峰時，就能

You Can Make It
天天都成功

洞燭先機，創造到達巔峰的條件，而不是在到達頂
點時，才想下一步要如何突破，否則此時一步踏
空，以往所建立的成果可能毀於一旦。

如果貪著現有的成果，對於即將發生的變化，往往
會視而不見，錯失先機，要保住現有的成果都已經
很困難了，何況是再造巔峰呢？

13.瞋忿破壞成功的基石

瞋忿只會毀壞成功的基石，自挖成功的牆腳。

成功的人不該瞋怒，因為成功的人心中只有喜悅。

在釋迦牟尼佛的時代，許多修行的學說林立，每個老師都想爭取弟子及信眾，像佛陀僧團這麼寂靜無諍的團體是很少見的。

因為佛陀並沒有領導僧團的意思，他只是在修行上指導大家，讓每個人都可以透過自我的覺醒，徹底斷除煩惱的根源。至於弟子在生活上的種種，則是大家自己決定的。

也正由於此，受到佛陀教化的人們，對佛的尊敬深深出自內心，即使佛陀對這些一點也不在意。可是，這一切看在提婆達多的眼中，非常不是滋味。

「我到底哪一點如他？憑什麼他得到的供養永遠比我多？為什麼大家的焦點都集中在他身上？」

提婆達多心中的怒火，摧毀了他的功德，蒙蔽了他
的眼睛，他忘了自己當初捨棄王宮的富貴，決
志走向修行的心，他不知道以自己資質，
好好努力，可以得到很大成就，甚至可
以像佛陀一樣圓滿。

瞋恨不平的心，讓他的人生徹底改變了
方向，他結合僧團及世間反對佛陀的勢
力，不惜以暗殺佛陀來達到目的。甚至臨死
前，他還在指甲上塗了毒汁，假意要向佛陀懺悔。
就在他碰觸佛陀之前，地面忽然裂開，提婆達
多就這樣落入煉獄的雄雄烈火之中了。

成功的人不該瞋怒，因為成功的人心中只有喜悅，
並且將喜悅帶給大家。也許別人對你的瞋怒是敢怒
不敢言，但是，可想而知的，他們不會再樂
於幫助你成功，甚至詛咒你失敗。

這會使你目前的成果，如同外表完美，但地基已漸
掏空的大廈一般，總有一天會毫無預警的倒塌。

在生命的修行中……隨著心
念的意想、客觀環境
的一切境遇也
隨著心念的
期望而越
來越隨
心所欲
了。

心想事成

14.拒絕愚痴的成功者

因為愚痴，所以看不清真相，與成功擦身而過。

成功的人，

是冷靜的，是光明的，

不會被眼前的成果所迷執。

愚痴不屬於成功的人。得意忘形的人，初嚐成功的
滋味，耽溺於其中，被眼前短暫的幻像所迷惑，看
不到真相，即使成功，也是很快又墮落了。

以前有一個出家人，通曉義理，聰智過人，受到大
家的敬重。有一天，他忽然想著：「我的見聞廣
博，天下無雙，和我相比，世人簡直是睜眼瞎子
啊！」從此，他就常常白天拿著火把在城裡走著，
一邊大聲地叫著：「天下人全是愚痴者，空有眼睛
卻看不到真相，我只好拿火把來指引世人！」

本來尊敬他的人，看他這樣自吹自擂，目中無人，

漸漸也不再與他來往，其實他也看不起別人，還認為這些人真是不受教。最後真的沒人理他了，而且，他的自滿，對自身智慧的開啓，產生了很大的障礙，無法繼續開展，但他仍得意洋洋而不自知。

有一位惜才的賢人，不忍心看他自毀前程，便以天文、政治等各種領域問題來請教於他，但他卻一問三不知，賢人這才耐心地為他解說，也使他了解自己以往是多麼狂妄，進而痛改前非，繼續努力修持，在修行上達到很了不起成就，真正成為人們崇仰的大師。

當我們以成功而驕人時，就開始變成一個愚痴者了，它使我們看不清事實。

享受成功的喜悅，和耽溺於成功不同。成功是值得喜悅的，當我們看到成功而喜悅的同時，也看到成功的變化。

被成功沖昏頭的人，已經忘了什麼是成功，也忘了自己是如何成功的，他只顧著高興的大叫：「我成功了！」並開始揮霍這得來不易的成果，卻看不見

這一切正在持續的，悄悄的變化當中，更不用說建構下一步的成功。

就像一個攀登高峰的人，攻頂時的喜悅是無可比擬的，他可以好好的休息一會兒，俯視壯麗的群峰。得意忘形的人，則是高興得手足舞蹈，在危險的山頂上又叫又跳又跑，忘了自己在什麼地方，甚至把所有的裝備都拋掉了，或腳步一滑，就落下萬丈懸崖，屍骨無存。

15.看不見成功的驕慢者

驕慢者眼中看不見成功，成功也不會為驕慢者停留。

成功的人不該傲慢，這是一個千峰群視的世界，大家成功，互道恭喜，更應攜手共創更美麗的未來。

有一次，郭子儀參訪禪師，並向其請益。郭子儀問：「請問禪師，何謂驕慢？」禪師用輕蔑的眼光看著他：「將軍參禪多年，難道這麼簡單問題也不懂嗎？」儘管郭子儀的修養很好，這時也不禁出現慍怒的神色。「這就是驕慢啊！將軍。」禪師笑著說。

成功的人不會看輕別人。傲慢的人，常因一點小小的成就而沾沾自喜，忘了自己是誰，就像小雀一樣，看不到大鵬鳥遨翔的無垠天空。《莊子》「逍遙

遊」中描寫的大鵬鳥是：背若泰山，翼若垂天之

雲，搏扶搖羊角而上者九萬里，絕雲氣，負青天，

然後圖南，且適南冥也。

它的背像泰山一樣大，翅膀展開時，幾乎遮蓋了天

上的雲。當它翱翔時，就像旋風盤迴直飛九萬里的

高空，衝出雲端，背負著青天，往南邊飛，朝南海

而去。

蟬和斑鳩對大鵬鳥遠大的志向很不以爲然地說：

「我奮起而飛，碰到榆樹、枋樹就停在上面，有時沒

氣力，飛不到，落在地面上就是了，何必高飛九萬

里而南去呢？」同樣的，小雀也是如此譏嘲大鵬

鳥：「牠想飛到那裡去啊！我飛躍起來，不過幾仞

高就落下來，在蓬蒿之間翱翔，這樣不也飛得很逍

遙自在嗎？它到底想飛到那裡去啊！」驕慢的人，

就像小蟲和小雀一樣，有了一些小小的成就就沾沾

自喜，喪失了再創成功的機會，讓自己逐漸停滯、

退化，只能看著別人不斷的蛻變，不管忌妒也好，

生氣也好，時機不會爲驕慢的人停留。

我們無法使別人比
我們短……

但我們可以使自己無限
地增長！

Chapter **4**

準備好成功的心──You Can Make It.

爲什麼我們有趨使生命失敗的慣性？
──因爲我們對黑暗永遠有畏懼、有恐怖，永遠不想使自己成功。

16.謝謝你的抱怨

別讓抱怨傷害成功。

檢討、批評，本來是使我們邁向成功的契機，
但是我們都把它拿來做為失敗的當然理由。

一位朋友告訴我，最近他主辦公司的一個活動，其
實他和幹部們都已經很努力投入這個活動，所訪到
的價格也很低，雖然有很多贊同的聲音，但是也有
抱怨的話語。他也知道這是很正常的，但還是覺得
有些沮喪，無法裝做若無其事。

我問他：你覺得他們的抱怨完全是毫無道理的嗎？

他想了想，其實也不盡然。首先，雖然他很努力在
做，但仍然無法很圓滿。其次，因為大家對於成本
並無概念，加上許多幫忙的義工並不提自己的功
勞，以致大家也疏忽了這是多少人的努力。

他問我該怎麼做？我告訴他：「寫一封信感謝大

家。」

他滿臉訝異，似乎不太能接受。

「道理很簡單，」我告訴他：「當每個人接到這封感

謝的信，不知感恩的人就會覺得自己是少數，而且

是很遜的少數。」

他真的寫了這封信，並且把所活動花費的成本也一

起公佈。更妙的是，他在寫這封信

的時候，腦子裡浮現一個又一

個幫助這個活動圓滿的人，其

中也有那些抱怨的人，心中忽

然覺得很感恩。

當然，這封信得到很大的迴響。這

是他之前沒有想到的。

17.你的成功在於改善自身

加強自己的實力，勝於打擊對手。

成功者把抱怨一滴不漏的匯聚成他成功的養份。

一個學生在競技時落敗，回到休息室之後，他忿忿不平地訴說裁判如何偏袒對方，場地、設備如何對自己不利，甚至開始情緒化的叫罵對手是怎麼僥倖的獲勝。

他的老師一言不發，只是在地上劃了一長一短的兩條線，忽然問他：「如果這條長的線是你對手的線，你要怎麼使他變短？」

學生楞了一下，「把它剪短。」

「這恐怕不是最好的做法。」老師說著，就把那條較短的線加長了些。

「改善和加強你自身，勝過打擊你的對手。」

許多人在事情做不好的時候，常怪東怪西，埋怨別人，好像自己一點責任也沒有。這時已經不是單純處理事情，而是造成一種心靈負面的感覺。

一個成功者會不會抱怨呢？不可避免的，但是他的抱怨和一般人不同，這些抱怨一滴不漏的匯聚成他成功的養份。

第一，他只針對事情做不好的地方批評，不會情緒化的怪東怪西，把責任都推到別人身上。

第二，他看清楚事情真正有缺失的地方，指出之後，他不會浪費時間彼此指責，因為他重視的是下次避免再犯同樣的錯誤，因此，抱怨成了改善的機會。

國際知名的管理顧問公司TMI有一句銘言：「抱怨即是禮物」，正貼切地說明了這個道理。

18.善於抱怨的人

抱怨是傷害長生的利刃。

抱怨，是抒解身心壓力的良方，
也是成功的肥料，使用不當，
卻會轉成傷害生命的殺手。

如果每次的抱怨讓我們短壽一些，每天生氣幾次，
一個月，一年，十年，一生...如此日積月累下來，
我們就少活了好幾年！
這種感覺經年沉積，進一步在體內產生化學變化，
使我們生氣、鬱悶、沮喪，怨天尤人，傷害我們的
身體，傷害我們心靈，這樣我們還能長生嗎？
當我們在抱怨事情的時候，就像看到該放在桌上的
東西，掉到地上去了，把它撿起來就好，心中不必
再有其他的煩惱，這樣就不會造成心靈的壓力，也
不會對身體產生負面的影響。

如果在抱怨的時候，超過了適當的界限，
心中充滿怨怒，彼此攻擊，或是慣於責怪
別人，認為自己一點責任也沒有，這些負
面的情緒到頭來傷害最大的還是自己。

大師，你快幫我瞧瞧，近來我諸事不順，印堂發黑，連喝水都會嗆到，你看我是不是要走霉運了呀！

阿彌陀佛！不要抱怨了，相由心生，相隨心改，我看你印堂發亮，紅光滿面，不是要走霉運，應該是要交好運了，你說對不對？

19.善用自己的極限

戰勝自己的缺點，發揮自己的優點。

知人者智，自知者明，勝人者有力，自勝者強。

很少人知道，一代武術大師李小龍是近視眼，必須戴著隱形眼鏡，在他的故事中說：「從小我就近視眼了，所以我從詠春拳開始學起，因為它最適合做貼身戰鬥。」

此外，他的兩腳不一樣長，右腳幾乎比左腳短了五吋，但也正因如此，他才能擺出最完美的姿勢——左腳可以踢得高、踢得遠，右腿比較短，利於此某些踢法，可以增加衝力。

「我接受我的極限，毫無怨言。」這是李小龍的名言。

不接受自己的人，是無法真正成功的。

史蒂芬霍金如果一天到晚幻想：「我如果會走路該多好！」他就沒有時間思惟宇宙的形成，也不會寫出《時間簡史》了。

一個成功者，沒有時間去想自己做得好或不好，對於該做的事情，他不會因為自己做得不好而裹足不前，只是坐那兒想著：「如果我有這種能力該多好！」

他完全了解自己目前的條件有那些優勢和限制，所以能很安心踏實地走。

對於必須具足的能力，他就去學習，不擔多餘的心，他不在乎目前做得不圓滿，甚至很糟，他重視的是自己是不是朝著更好的方向走去。

20.指正的溫柔

成功者的心，永遠溫柔光明。

成功者不會勉強別人接受他的想法，
甚至詛咒不聽他話的人失敗。

在指正別人錯誤的態度上，一個成功者在態度上也
會特別的溫和。

以釋迦牟尼佛爲例，和其他宗教領袖相比，他指正
錯誤時，特別溫和，他常認爲這是不相干的事而加
以忽視。在臨終前，他對自己生前最後一個皈依他
教法的弟子說：「不要緊，別的導師是正確也好，
是錯誤也罷，聽我說吧！我來把眞理告訴你。」

如果別人不接受他的建議，成功者也不會勉強別人
接受或感到生氣，甚至詛咒別人失敗。

釋迦牟尼佛在世時，僧團裏有所謂的六群比丘，他
們經常口角，或做出一些妨害團體生活的事，使僧

團的名聲受損，也常有人向佛陀告狀，許多戒律就是因為他們而制訂的。

佛陀雖然以進一步的訓導和比喻來教導他們，但是他們卻回答：「讓世尊安安靜靜地享受他在今生所獲的福報吧！我們所做的事情，因果讓我們自己負責。」這似乎清楚地暗示佛陀最好少管閒事。

佛陀心想：「這些蠢人真是昏頭昏腦。」於是他就站起來走了。所有對佛陀不敬、不友善，乃至謀害的事，從來不曾影響佛陀的微笑。

You Can Make It
天天都成功

21.別做驕敗的恐龍

別讓傲慢蒙蔽了成功的雙眼。

成功是需要體察因緣時節的，
今日的優勢，明天可能成為失敗的主因。

傲慢的人無法體察變局，就像巨大的恐龍，在幾億
年前，以龐大的身軀橫行世間，一旦自然環境驟
變，食物取得不易，身體反而成了它最大的累贅，
導致恐龍大滅絕。

一九五五年到一九七〇年，動輒幾十億美元資產、
擁有幾十萬員工的企業，被認為是最成功的企業型
態。但此刻，這種情形反而是造成企業滅亡主要原
因之一。
因為現代企業所處的環境已經不再如同以往平穩、
可預測，許多不安定的因素與日俱增，而如恐龍般

巨大的企業體系，對這種壓力的應變非常遲緩，甚至脆弱得禁不起一點變化。

許多恐龍型企業，在龐大的體系下，以此驕人，無法觀察未來最佳存活型態而整個倒塌了。看出這個趨勢的人，早已將企業轉型，轉向小而強的「變型蟲」時代，如何推動巨大的人事機構已是其次，如何最有效率的經營，轉向擅長組合時應用的機構，能立即因應當前的情勢，也能追求長期目標。

成功的人，不做驕敗的恐龍，而是快樂的變型虫，隨時因應環境的需要，迅速調整分子結構。

22.疑惑的心不可能成功

疑惑的人，永遠懷疑自己的成功。

真正成功的人，

對自己的成功沒有疑惑，

也不會對別人疑神疑鬼。

不疑，不是盲目的信相別人，而是成功者具足智慧
的觀照，哪一個人要做什麼事他都很清楚，他不必
懷疑。當別人有什麼不好的舉動時，都在他的掌握
之中。

我們不必懷疑路上的車子會故意撞人才要小心走
路，而是因為我們很了解路上的各種危險性，自然
就很小心。即使有一天真的有人故意要撞你，你也
知道自己擋了人家哪一條路，以及他開車的習慣，
來做最佳的閃避。

一般人在別人稱讚他的成功時，感到很心虛，當人

家貶抑他時，又憤怒不已，或遭受挫折時，就懷疑
自己所做的一切。

成功者的生命是很坦蕩，沒有疑惑的，他不必浪費
許多時間在辯證自己的身心，浪費時間在那兒想東
想西，無法實踐成功。

成功的人，心中充滿成功的光明，所以他看每個人
都是成功者，只是他們不自知，情願躲在失敗陰暗
的角落。

就像釋迦牟尼佛在菩提樹下看到曉星而悟道時，感
歎著：奇哉！眾生皆具如來德性，只緣心迷，不能
成證如來種種智。

我們準備好接受成功，而且隨時隨地實踐成功，生
命就有力量，去除了貪心、瞋怒、愚痴、傲慢，以
及懷疑等障礙成功的心，我們就準備好接受成功的
心了。

23.成功絕非終點

成功不在過去，不在未來，而在當下。

我如願踏在自己
嚮往的旅途上。

成功不是一個目的
地的達成，而是完
成整個生命的歷程

成功不是一個點，而是一個完整的生命過程。

查理王子和黛安娜王妃，兩人的世紀婚禮羨煞多少
人，卻沒有像童話中的祝福：「從此王子和公主過著
快樂幸福的日子」一般，反而每況愈下，以離婚收
場。離婚後，黛安娜與男友被記者追逐，車毀人亡，
更是不幸的結果。

成功者，他的一生都在成功中綻放花朵，小時的成
功，年少時的成功，中年時的成功，串連成圓滿的人
生，使我們很容易找到生命安適點，隨時隨地創造成
功的喜悅。

24.我只要屋頂

萬物皆無常，有生必有滅，不執著於生滅……

把成功當做終點的人，

最後可能發現那並不是他想要的。

有一個富翁，想蓋一棟豪華的樓閣，要比城內所有
建築物都高，連皇宮也比不上。

他請來國內最好的建築師和工匠來施工。建築師把
藍圖打開，百層華麗的樓閣藍圖呈現在眼前，大家
不禁歎爲觀止。

「好是很好，」富翁似乎有點意見，「可是我只要第
一百層就好。這樣不但可以展現我的威望，又可以
節省費用。」

眞是個好辦法啊！你在追求成功時，是否也是只要
屋頂呢？

大部份的人一直汲汲於追求別人所定義的成功，不

是發自內心地了解己想要的，於是他開始迷惘，不知道自己在追求什麼。也不知道自己才是決定自己成功的人，而永遠被別人的成功所迷惘。

許多看起來似乎是成功的人，大部份是失敗的。

在看似成功光鮮的背後，其實只是幻影，真象卻是很可悲的。得到財富、權勢的時候，他開始不知所措，許多富豪酗酒、飆車、玩女人，過著刺激的生活，因為他得到的不是心中真正想要的，他根本承受不了目前的成功。

這是一個很大的陷阱。

秦始皇什麼時候是秦始皇？

唐太宗什麼時候是唐太宗？

你什麼時候才能達到當秦始皇或唐太宗？

秦始皇是他的一生，唐太宗也是他的一生，但我們常誤以為：一統中國的那個才是秦始皇，威振異域的天可汗才是唐太宗，我們只要他風光的時候，卻

忘了他之前的努力。

就像修行人都只要禪師開悟的那點，下苦功的部份
都不要，天底下哪有這種事？開悟之前是一個奮鬥
的過程，開悟之後展開覺悟的生活，絕不是靠禪師
的手一拍你就開悟了。

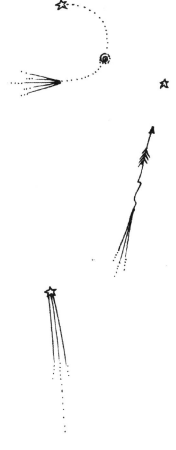

成功是……
透過重重疊疊的過程所
建構的基礎，人能踩在
上面摘星；我們要的並
不只是那最上層的屋
頂，要屋頂何用？

Chapter 5

成功者的心象——其實成功很簡單

成功的心是光明的，它能清楚照見你成功的過程。

——成功的心是有力的，它使我們隨時隨地能實踐成功，而且有能力去享受成功。

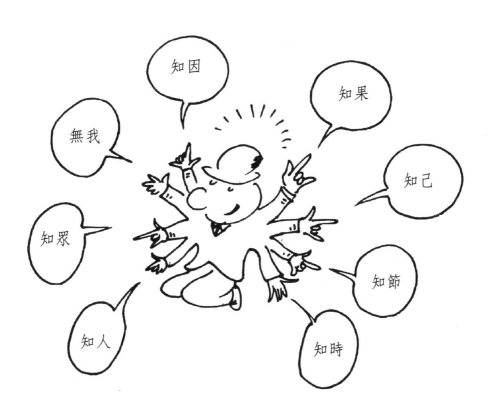

25.生命藍圖

讓成功的生命情境鮮活映現。

成功的心是柔軟的,是寬宏大量的,能容受一切。

成功的心是慈悲的,能釋放能量去幫助別人。

成功的心是堅定的,它使我們清楚自己的方向,不會因為小小的成果得意忘形,也不會因為一時的困頓而喪志,輕言放棄。

生命藍圖

生命藍圖不再是:「我希望我未來如何」的未來式,而是:「我的生命未來就是這樣,現在我如何正確完成」的現在完成式。

準備好成功的心,現在我們要開始建構自己生命的藍圖。

生命藍圖不是生涯規劃,而是實際的完成。

生涯規劃只是一種計劃，是「我希望這樣的成功」，而生命藍圖是直接跨越文字計劃，直接顯現成影像，是「我已經這樣成功了」，而且把這個成功影像，清清楚楚的顯現在心中，現出成功的心象。

在這張生命的藍圖，我們可以清楚地看到自己在幾歲的時候是什麼樣成功。它不再是一個計劃而已，而是顯現清楚的圖像，這時你今天會如何，明天會如何，五年後、十年後的樣態都可以顯現。

甚至你可以看到一百歲時的自己，不只是影像，還有動態的，就像電影一樣，活在你的心中。

英文的vision (願景) 接近此意，但還是期望的成份居多，生命藍圖所說的則不止於此。

打個比方來說，你準備活一百歲，你希望看到一百歲的自己是什麼樣子？讓這個影像鮮明的浮現在心中。你四十歲時要累積多少財富？要怎麼運用它？

從最近的想起，三十歲、四十歲、五十歲，乃至一生的藍圖都想清楚，越近的想細密清楚些，遠的則

想好大概。

如果在實踐的過程中，狀況改變了，我們也隨著調整。

我們要構築自己的生命藍圖，把自己希望每個不同成功者的生命特質納進來。在選擇各個成功的現象時，要注意到：有些成功的現象，背後有必要的條件，兩者具備因果關係，在選擇時必須想清楚。

進一步，我們要完成這些特質，現在要怎麼做。訂定了大方向，在實踐的過程中，細節部份可能會有變化，我們可以自行調整，因為成功要適自己的材、自己的性，不是適他人的材、他人的性。

未來

我是我自己生命的設計工程師，而不是無奈地隨著命運擺佈……

26.天天都成功的實踐法

只要確實去實踐，天天成功不是夢。

我們確立了成功的開始，接著就要更進一步，讓我們每天都能實踐成功。我們可以先從每日生生不息的清晨開始。

1.喜悅之晨

首先，從早晨起床開始的第一念，我們就有成功的心。

早晨醒來時，先別急著起床，從頭到腳，全身完完全全的放鬆，連呼吸都放鬆，將身體裡所有不愉快的感覺，從口中、鼻中全部吐出去。

這時，我們宛若初生的嬰兒，那麼放鬆，那麼柔軟，每個早晨醒來，都是生命的重新開始。我們已經看到了今天必然是成功的一天，因此發自心中的喜悅不斷地湧現。

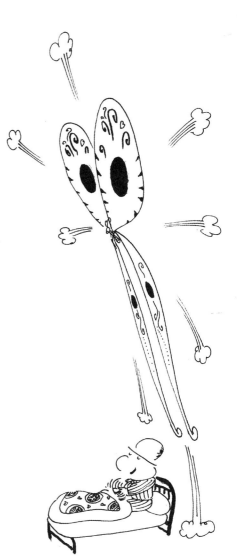

這一剎那，我們讓心從最深層完全放鬆，感覺到完全放鬆的喜悅，生生不息，整個心笑起來，那麼舒暢，那麼柔和，這種喜悅能滲透到全身每一個地方。

這時，我們心的中間會感覺有點癢癢麻麻的暢通感覺，好舒服。它不斷地向外擴張，每一個細胞，每一條筋絡，所有的內分泌都在笑了，整個生理、心理產生了很微妙的反應。

這時，我們可以做一個動作，將光明注入心中：首先將兩手手掌輕輕搓熱交疊，可以想像手掌有光明的氣，例如：左手上有月，右手上有日等，從喉嚨下面徐徐順勢撫到下丹田，同樣的動作重覆作三次到七次，你將會感覺到，身心實在太舒暢了！充滿了成功的覺受。

2.成功的魔鏡

幾乎每天早晨，我們都會對著鏡子梳妝打扮一番，但是，很少有人知道，它可以成為幫助我們成功的

魔鏡。

首先,我們面對鏡子,讓整個身心放鬆,從頭骨開始往下放鬆,放鬆到全身,所有的肌肉、內臟,到所有的細胞,連呼吸都放鬆,將身體裏面所有不愉快的感覺,從口中完全吐盡,把所有的壓力,所有的不如意全部吐掉。

這時,你整個身心完全放鬆了,宛如新生的嬰兒一樣,那麼純潔,那麼柔軟,你會發覺:今天是我出生的第一天,我的生命重新出生了!

從新生的一剎那,我們從心的最深層完全放鬆,感覺到完全放鬆的喜悅。

這時,我們開始重新微笑起來,整個心笑起來,笑得很舒暢,心也變得柔和,能夠滲透到全身每一個地方,心的中心點也會感到癢癢麻麻的暢通感覺,好舒服。

它不斷的向外擴張,全身每一個細胞,

放鬆⋯⋯
放鬆⋯⋯
身心完全地放鬆⋯⋯

每一條血管，整個心理、生理，產生了很微妙的笑
的化學反應、笑的物理反應，而且不斷的擴散，從
心的深層笑起，甚至到全身的毛孔都笑了，鏡中喜
悅新生的人兒，開始了成功的一天。

3.預見成功的一天

這時，我們可以緩緩的起身，全身充滿了能量。

接著，我們要開始將今天的成功觀想清楚。

<u>今天要如何喜悅成功的過一天？</u>

我們可以思惟，今天從起床到睡前，會接觸那些
人、事、物，我要如何成功的與他們相處。

<u>今天可以有什麼樣的創意？</u>

對於每天的例行事項，今天是否可以動動腦筋，讓
它變得不一樣?不一定要做什麼驚天動地的事，即使
是改變下班的路線，或是把工作的環境變化一下，
或是對那個向來很酷的同事熱情的打招呼，欣賞他
驚嚇的表情，這都很不錯。

<u>今天有那些重要的工作要完成？</u>

首先，我們可以從大的事件來掌握：

今天到公司有什麼重要的會議？

有那些客戶要洽談？

有那些事情要和同事協調？

再想想，這些事情的輕重緩急

為何？把這些事件依時間順序

排好，我們開始想像：

參與會議的人熱烈討論的模

樣，以及大家滿意的結果。

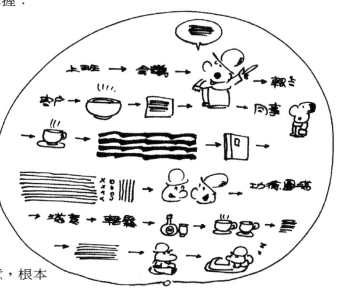

洽談的客戶對你的條件也很滿意，根本

不必討價還價就爽快的答應了，這筆生意輕輕鬆鬆

談成了。協調大家配合的事，他們也都很幫忙，樂

意配合。

如何與家人開始快樂的一天？

早晨出門的時候，是否記得對老婆說聲再見？需要

加班的時候，記得告訴她一聲，甚至，下班之後記

得買束花回家...有了這麼輕鬆成功的一天，回家

老婆看到這束美麗的玫瑰，又驚又喜，就像又回

到從前戀愛的日子...啊！這眞是成功幸福的一天。

這一天所有的成功，我們在早晨起床之時，就已經

完全看見了，所以一點也不意外，一點也不費力的

成功。

這些影像就像電影一樣，明白清楚的在我們心中放

映一次，想得越清楚楚越好。如果實踐的時候有變

化，再作調整即可。

4 . 如魚游水的行路交通

如魚游水的
行路交通

預見了成功的一天，現在我們
要出門了。這時我們不要急
急忙忙的出門，身心保持輕
鬆，起路時就如同走在水
中，完全不費力的浮在水中。上
了公車，不管是站或坐，別老是不耐煩的對
塞車皺眉頭，好好利用這段時間補充能量。
如果車子顛簸得很厲害，我們的身體可以
放鬆的隨車子晃動，但卻像山一樣

穩，如此我們就像魚兒游在馬爾地夫光明清淨的海
水中一般。

5.益於長生的工作秘訣

對大部分的人而言，每天上班的時間，幾乎佔了一
天的三分之一。在佛教裏對於這部分的生活，提出
一個「正命」的原則，即是指正確的職業，這不僅
包括職業的種類，還包含了正確的工作方式。

首先，我們在選擇職業之前，要選擇從事對人間有
價值的事業。在工作的態度方面，在工作的時間
內，我們不要偷公司的時間，但也不必變成工作
狂，而是在上班時認眞的做，讓它產生很大的意
義。

在工作時，我們就是在學習，除了學習更熟練的技
術之外，還學習如何跟上司、同事相處，增長我們
的智慧，貢獻人間，增加生命的福德。

這樣的工作是積極的、互動的，我們有自己的價值
判斷，如果是不合理的要求，如：公司要求員工從

事危險工作，卻未替勞工保險，這是要拒絕的，但若是合理的要求，就要認眞去做。眞正有意義的事，即使老板沒有要求我們，我們也要做到，這些都是要思惟判斷的。

6.提高效率的小運動

工作累了，我們可以做個小運動來恢復疲勞。它只需要很小的時間和空間，卻可以達到很好的效果。這是我觀察猴子的動作所啓發的靈感，而發明的「足趾走路法」。

足趾走路法

首先我們站起來，把鞋襪拖掉，讓身心完全放鬆，將重心落到腳心，然後把兩腳的五根足趾張開伸直，抓著地板，利用這個力量前進。注意，足跟不要抬起來，僅用足趾來走路。

由於我們的腳趾平時幾乎沒有運動，我在許多課程教授這個方法時，學員叫痛連連，尤其是經常需要穿高跟鞋的女士，更是疼痛不已，這是因為她們長期受到高跟鞋的傷害而不自知。

此外，許多學員走了幾分鐘之後，手掌、足心都流出比平時黏膩的汗，這是長期累積在體中深層的毒素，即使是平時的運動都很難排出來。

如果起身做做柔軟操也很好，運動完後多喝點水，幫助體內排出毒素，如此可以調和我們的身、心、氣，讓我們隨時保持最佳狀況，提高工作效率。

認真工作了一天，下班前五分鐘，你是否已經急著收拾東西，不耐地倒數計時？可別輕易的浪費這寶貴的五分鐘。這時，我們將一天的工作從頭開始回想一次：什麼地方做得很好？什麼事情可以再做得更好？明天要如何再造高峰？

如此必定一天比一天更成功！

7.回家真快樂

成功不是只有在事業上的成功，或財富的累積，我
們每天的真實生活，就是實踐成功的所在。

結束了一天的工作，到了快樂的回家時間，今天可
以做什麼事來讓我們的家人更快樂？在你的行事曆
裏，除了密密麻麻的工作外，是否記下家人的生
日，以及各個值得紀念的日子？

平時回家，是不是常擺著一張很酷的臉，昭告大
家：「我很累，別惹我！」還要求別人好好服侍
你，這樣的家庭生活是不成功的。

成功的與家人相處，並不一定要再多做什麼事，或
是多一種負擔，而是將我們對家人的情感，用很輕
鬆，很柔軟的方式表達出來，除了彼此體諒工作的
辛勞之外，多點創意，讓生活更有味。如果是一個
人也不打緊。今年的中秋節，恰巧碰上月全蝕，一
個朋友告訴我，那天凌晨，他一個人帶著一包魷魚
絲，在明亮的月光下，迎著微涼的秋風，騎著單車
到捷運站賞月。一個人的生活，也可以很愜意。

8.睡前的回顧

隨著夜晚的來臨,現在終於可以好好的徹底
休息。

我們躺在自己的床
上,全身放鬆,
回想今天的成功

的過程,那些地方做得很好,那些地方可以更好,

再想想明天要如何創造成功的一天,構建出美麗的

藍圖,每天都成功。

在睡夢時,我們如何不浪費時間,繼續創造成功

呢?高品質的睡眠,讓我們的身心得到完全的休

息;善用夢境,更能激發我們的潛能,使美夢成

真。夜晚做夢的訓練,首先要了知夢的本質。夢的

本質是虛幻的,它虛幻得就和我們的肉身一樣真

實。了知這個實相之後,我們將白天的生活都視為

夢中所見,這樣就能深刻了解夢的本質,自主的做

夢。在睡眠的環境上,首先要選適合自己,能睡得

舒服的寢具,臥室最好保持乾淨清爽,通風良好。

睡姿因人而異，近代衛生醫學認為右側而臥是較健康的，佛教的「吉祥臥」也是右側而臥，睡姿以能充分放鬆、合乎健康為最主要原則。

9.安睡在光明中

完全放鬆的睡眠，可使我們身心安適，不會胡思亂想，達到安定的境界，減少我們的煩惱。持之有恆的練習放鬆法，可以治療焦慮及失眠症。首先，我們想像自己的身體進入最輕鬆舒適的狀態，一天的工作完畢，所有煩惱沒有了，現在要開始最幸福的睡眠。我們想像自己躺在一望無際的大草原上，眼前是萬里無雲的晴空，整個身心從骨頭，到肌肉、內臟完完全全的鬆開，就像將一團受壓的海棉鬆開一樣，讓它自自然然彈回去，而不是另外加入一個放鬆的壓力。接著，我們的身體越來越放鬆，越來越晶瑩，全身從內到外亮晶晶的，像白色雪花一樣，每一個細胞都是如此。

現在，我們的身體開始溶化了，完全化成透明的水

泡。每個細胞開始產生能量，開始自己蒸發成
氣體，全身完全化成氣體，與綠草如茵的山
谷結合在一起，完全融合，身體消失了。

山谷也消失了，融入無邊無盡的藍天中，
現在，整個宇宙就剩下藍色清澈的世界了。

晴空又化成無邊的光明，遍滿整個宇宙，全宇宙是
無量無盡的光明。此刻，我們的念頭消失了，過去
的念頭已經過去，未來的念頭還未到，現在的念頭
念念不生。所有念頭都像虛空中的流星一樣，一個
個破滅了，消失了，連光明的感覺都不存在，整個
世界就像水晶一樣，無邊無盡的透明無色。

如此，我們就安住在光明中，沉沉入睡。

夢的訓練，可分為「迷中做夢」，「夢中知夢」，
「夢中做主」，「夢幻光明」等四個階段，限於篇
幅，詳細的過程，將另在專書討論。

自主的做夢，甚至可以使我們在夢中轉化自己，甚
至使夢中顯現的成果，都能運用在日常生活中，使
我們相續不斷的成功。

27.暗夜之箭

高手射箭，用的不是眼、耳、手，而是用『心』。

在箭未射出之前，

就已經看見它正中紅心的景象了。

有一個射箭的故事，可以說明成功的心象。

學射的學生對大師的百發百中感到不解，而歸因於

其對靶子的熟悉。

大師對他的推論並不完全同意。

「我站的地方面向靶子，但是我不必緊盯著它看，反

而能看得很清楚。單是看見靶子是不夠的。」

「那您蒙著眼也能射中嗎？」學生好奇的問。

大師看了他一眼，告訴他：「今天晚上來見我。」

天黑得連靶子的輪廓也看不清，大師第一箭從燈光

耀眼的射廊裡飛向漆黑的夜空，果然一箭中的，接

著第二箭也射中了。

學生上前查看時，訝然發現：第二箭竟然是緊接著
射中第一箭的箭幹。

「第一箭射中並不稀奇，你可以說那是因為我對靶子
如此熟悉，但是第二箭又如何解釋呢？那一箭不能
歸功於我，是『它』射的，也是『它』射中的。我
們向靶子鞠躬吧！就像對佛鞠躬一樣。」

在箭未射出之前，射箭的人就已經看見它射中紅心
的景像了。

在成功之前，我們就已經看見成功的心象了。

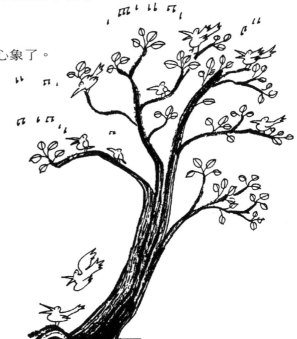

28.尊貴的開始

我們每個人都是自己生命王國的王子。

從現在開始，我們相信自己是王子，是成功者，
其中所有的過程都是正確執行成功的程序而已。

在石霜楚圓禪師的《王子五位說》中，以五位王子
來比喻未成佛的眾生。如果以國王比喻成佛，那麼
眾生就如同王子一般，遲早都會繼承王位，只是以
不同的方式來圓滿具足王者的條件。

在五位王子中，第一是「誕生王子」，我們不需很
辛苦才能成功，而是「普天之下莫非王土」，我們
一誕生就是王子，準備繼承王位，建立自己生命的
王國。

現在我們所要做的，只是如何正確的成功，其他的
人都是在幫助我們成功。

第二是「朝生王子」，他在外朝居臣位，可能是當

宰相，或是大將軍，正在接受各種訓練，爲將來登基作準備。能先成爲董事或監事，更親近董事長，觀察他經營事業，或處理各種危機的方法。

第三是「末生王子」，是朝生王子在外朝接受各種訓練之後，雖然已經具足國王的能力，但機緣未到，譬如像老國王還沒退休等，所以尚未登基等；就像公司的少東，有時可能直接當上董事長，但如果老董事長還在，他可能先成爲董事或監事，更親近董事長，觀察他經營事業，或處理各種危機的方法。

第四「化生王子」，就像少東擔任執行董事之後，他可以督導經理等幹部，對經營這個事業體越來越熟練了。

第五是「內生王子」，這就好像少東接任副董事長，董事長也隨時準備讓其接任，董事長不在時，就由其全權處理。這時，如果因緣到了，他就自然地接任了。

在此，我們要了解；並不是只有當上董事長的時候才成功，難道當經理的時候不成功嗎？當副董事長的時候不成功嗎？不是的。

我們是在執行一個成功的過程，而不是等待最後一點才是成功。

最後一點，就像畫龍點睛一般，讓我們的整個成功更圓滿。一開始，我們就要相信自己是王子，是成功者，其中所有的過程都只是正確的執行成功。

29.我的生命經驗

人生痛苦或痛樂，你可以自己選擇。

我從受傷到醫療的整個過程裡，所感受到的只有平
安喜樂，可以名之為『痛樂人生』吧！

在我個人的生命歷程中，有許多經驗是和此相應
的，我想在這兒和各位分享。

印象最深刻的幾次死亡經驗中，有一次是車禍幾乎
幾死去。

當時我騎摩托車，被車逼往快車道，此時，前方的
轎車車門突然打開，於是我整個人飛出去，緊接著
又被後方的計程車在快車道上空中追撞，拖了十幾
公尺，送到醫院時，全身許多處都是三級灼傷，醫
生看了之後直搖頭，因為這種情形存活的機會非常
渺茫。

之後又因為我長期禪坐，身體的反應與常人不同，

雖然當時脾臟已經碎裂，但可能是因為有氣保護著，所以測出來的血壓是正常的，因此而延遲了治療時間，使內臟嚴重出血，沒有及時處理。

當天夜裡，我的血壓急遽下降，加上緊急手術時，因為我的血液成份和一般人不太一樣，所以產生嚴重的排斥，使我在加護病房裡渡過了一段漫長的日子。

這段時期，可以說是我的生命從完整被擊碎，然後再恢復的整個過程。

但是我在這整個受傷的過程裡，從頭到尾都能正念相續，念頭清晰明白，而沒有任何顛倒，整個心念都能保持在一種平安喜樂，悲心相續不斷的狀況，完全能把握自己的心靈，感到自己沒有辜負釋迦牟尼佛的教誨。

當時醫院有專門負責輔導病人的護士，她問我：「洪先生，你會不會很痛苦？」

我回答她：「我會『痛』，但不會『苦』。」

她楞了一下，百思不解地看著我。

「一般人可能是不『痛』但會『苦』吧！『痛』和『苦』是兩種狀況，神經系統完整的人，碰到我現在這種情形，一定是會痛的，但是，會痛不一定會有苦啊！」她點點頭，若有所悟。

我從受傷到醫療的整個過程裡，所感受到的只有平安喜樂，可以名之爲「痛樂人生」吧！

30.心念對肉體的改造力量

保持光明心念，明天會越變越好！

在生命不斷修行的過程中，

我發現心中所想的事，隨著心念越來越統一，

外在的環境很快就回應了。

對於我身上嚴重的燙傷，每個會診的醫生都主張不
同的醫法，有的主張覆蓋皮膚，自然復原，有的認
為應該用「刮瘡術」將壞死的皮膚刮乾淨，讓它自
然再生...而我的主治醫師則主張用「刮瘡法」。

可能是因為我不會喊痛，所以醫生們也忘了我會
痛，很自然的刮了下去，那種痛實在非常可怕。

我想這樣對病情不一定有幫助，每天忍受這種可怕
的痛也不是辦法，就問醫生：這種治療要持續到什
麼時候？

由於當時傷口的肌肉已經壞死，呈現死白色，醫生

告訴我，這種治療要持續到肌肉能血液循環，不會壞死，能長出新肉為止。

第二天，他就看到我的傷口真的長出微帶血絲的新肌肉，這才結束了這段「刮肉療傷」的日子。

在生命不斷修行的過程中，我發現：以前自己心念所想的事，要經過比較長的時間才會實踐，但隨著心念越來越統一，漸漸地，當自己心念顯起時，外在的環境很快就回應了，這時我更發覺保持光明心念的重要。

如果一群人心中都是幽暗的心念，與黑暗統一，這時黑暗將會更快降臨。

就像日本奧姆真理教的信徒，他們深信人類需要徹底改造，甚至必須摧毀重造，這一群人統一在這個信念之下，結果竟然製造毒氣來實踐世界末日的預言！相反的，如果我們的心中充滿了光明的心念，一心使這個世界國土更好，那麼即使目前看來沒有什麼明顯的改變，只要我們繼續努力，這個世間必然會越來越好。

Chapter 6

後記——祝福你

祝福大家暢飲生命成功的喜悅。

雖然我看不到你，但我真心祝福你現在的成功。

與讀者在書中相遇是一種奇妙的因緣，我們或許相
識，或許不識，但是能共同體會這深刻的成功經
驗，已在我們的生命中，結下無比深刻的因緣，祈
願你有恆久的健康、青春、快樂，在吉祥中暢飲成
功的喜悅。

心靈是個奇妙的魔術師，她讓我們在相似的條件
中，有些人成功，有人失敗。因此，讓我們說服這
位美麗的心靈魔術師，愛護我們，歡喜的陪伴著我
們，走在成功的路上。

成功者的心象，充滿了真、善、美、聖，充滿了遠
大理想，卻又務實而有力。她看到了成功，並且沒
有畏懼的走向成功、安住成功，並在成功中自在生
活著。

讓你自己的心，如同明鏡一般的鑒照著，讓心更快
樂、更健康、更青春、更成功、更美麗……是的，
你已經改造了她，而她也正在改造你。你可以感覺

到；你的細胞年輕了，你的心智更成熟了，你的成

功正在進行著。

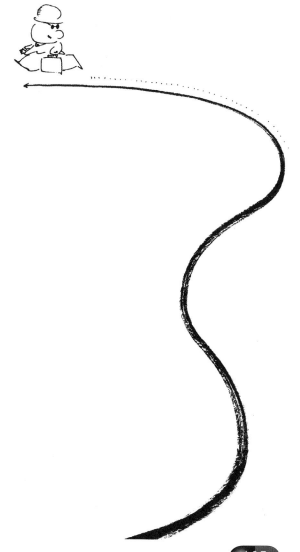

坦然的接受自己的成功吧！何必恐懼呢？

且讓心的光明，注照你生命的成功路程。

Smile 021
天天都成功

作者 : 洪啓嵩　繪圖 : 蔡志忠
責任編輯 : 韓秀玫
法律顧問 : 董安丹律師、顧慕堯律師
出版者 : 大塊文化出版股份有限公司
台北市 105 南京東路四段 25 號 11 樓
讀者服務專線 :0800-006689
TEL:(02)87123898 FAX:(02)87123897
郵撥帳號 :18955675 戶名 : 大塊文化股份有限公司
e-mail:locus@locuspublishing.com
行政院新聞局局版北市業字第 706 號
Printed in Taiwan
版權所有 翻印必究

總經銷 : 大和書報圖書股份有限公司
地址 : 新北市新莊區五工五路 2 號
TEL:(02)89902588(代表號) FAX:(02)22901658
排版 : 天翼電腦排版有限公司
製版 : 瑞豐實業股份有限公司

初版一刷 :1998 年 4 月
初版五刷 :2018 年 10 月
定價 : 新台幣 120 元
ISBN957-8468-45-8
Printed in Taiwan

國家圖書館出版品預行編目 (CIP) 資料

天天都成功 / 洪啟嵩著 ; 蔡志忠繪圖 .
-- 初版 .-- 臺北市 : 大塊文化 , 1998〔民 87〕
面 ; 公分 . -- (Smile ; 21)
ISBN 957-8468-45-8(平裝)

1. 成功法

177.2　　　　　　　　87002894

LOCUS

LOCUS

LOCUS

LOCUS